# Versos ambiguos

Gustavo A. Quintero Hernández

**Versos ambiguos**

Primera edición: 2024

ISBN: 9788410266223
ISBN eBook: 9788410191846

© del texto:
   Gustavo A. Quintero Hernández

© del diseño de esta edición:
   Caligrama, 2024
   www.caligramaeditorial.com
   info@caligramaeditorial.com

Impreso en España – Printed in Spain

*A mi hermana*

*No te alejes mucho
para poder tener
los pies
sobre la tierra.*

# El amor

El amor es
como un enjambre
de abejas
que a veces pica
y a veces
hace miel.

# Ambiguo

Uno camina la vida
por la línea sutil de la ficción
que —a veces— uno mismo
convierte en realidad.

Pero en lo equidistante
se percibe lo ambiguo
que conlleva un poco
de veracidad y un poco
de ilusión.

Somos tonalidades
de grises, amaneceres
y ocasos imprecisos,
incorrectos, interpretables,
equívocos o semblanza.

Nuestro pacto es dejar
que juegue la memoria
entre el olvido,
el ocultamiento y la revelación.

Que lo que no
se recuerde, se distorsione
o se invente.

Percibir íntimamente
el aroma
de las flores, el encanto
del murmullo
de las aguas, el trino
de los pájaros que arropan
los amaneceres, tu voz,
la mía, las palabras.

Aun si mis manos
pintadas en pastel
no son mis manos,
existo, porque usted
está ahí, para interpretar mi palabra
y salvarme del olvido del yo.

# Octubre

*O hushed october morning mild,*
*thy leaves have ripened to the fall;*
*tomorrow's wind, if it be wild,*
*should waste them all.*

ROBERT FROST

Octubre empezó despacio,
como siempre, variable en recuerdos
encontrados, en sensaciones cansadas
de la tarde, en pensamientos sutiles
que deambulan, por las calles
solitarias de mi mente.

Suele llegar octubre así de esa manera,
suele pasar así, sin darnos cuenta.

El comienzo del mes es tarde fría,
amenaza de lluvia en la mañana,
anocheceres de invierno
y noches que se evaporan
de nostalgia.

Octubre comienza así
cada mañana, se acumula en el tiempo
cuando pasa y nos deja la huella
que nos cuenta en octubres,
los años y la vida.

Suele pasar octubre así de esa manera,
suele dejarnos llenos de esperanza.

# Tarjeta de identidad

Soy gloria del huésped.

Nací en una madrugada
con olor a guerra fría
el día de la fiesta
de san Luis Beltrán.

Las fechas marcan destinos
o cuentan historias
que suelen celebrarse.

Y sí, es verdad que
algunas se recuerdan
con el paso del tiempo
—que siempre nos aturde—,
o parecen cascadas
de eventos sin iguales
que suelen coincidir
con nuestras fechas.

En mil seiscientos cuatro,
hubo una supernova
y en mil ochocientos cincuenta y dos,
fundaron mi ciudad natal.

En un día igual, murió Pío doce
y el Che, nacieron Lennon,
Saint Saëns, Jody William
y Leopoldo Sédar,
y la Orquesta Sinfónica Nacional
interpretaba a Bach en Bogotá.

Robert Frost
ocupaba la portada de *Time*
y el sol brillaba
en el signo de Libra
con ascendente Acuario.

# Ciudad Natal

Mi infancia tuvo un río
anchuroso y profundo
y un puerto de canoas
adornado de acacias
con flores
rojas, sin espinas.

Un puerto de champanes
y vapores, de pitazos
de barcos mercantiles
y de puentes colgantes
sobre un río
que navega sin afán.

Nací sobre ese río, en ese puerto
y entre esas flores, a principios
de octubre, a las dos
de la tarde, con el olor
de las acacias
de intenso aroma al amanecer.

Y vuelvo y regreso a cada rato
sin olvidar sus calles
y sus plazas, las canoas, los barcos
y los trenes.

O tal vez, nunca me he ido;
quizás, siempre
he estado ahí, trasnochado
en el sereno
de sus noches, empapado
en el sudor
de sus calores, feliz
en el jolgorio
de sus fiestas.

Girardot, allí nací.

# Padre

Mi padre fue grande
desde niño y se ganó
la vida haciendo
tantas cosas y el afecto
haciendo tantas otras.

Consentido de su abuelo
y de su madre, fue gran hijo
y gran hermano, esposo
y padre.

Así que desde siempre
fue mi padre
un hombre bueno.

Paciente y bondadoso
vivió el amor, que no siente
envidia ni se jacta; que no es egoísta
ni se enoja fácilmente.

Ahora que voy llegando
donde él me espera,
orgulloso de mí seguramente,
mi vida se confunde
con la suya.

Cómo olvidarlo
si su nombre y mi nombre
son iguales.

Si sus ojos azules
son mis ojos
y su alma y mi alma
son las mías.

Si lo siento a mi lado
cada día
y la única ausencia
que me queda sería no tenerlo ahí
para abrazarlo.

# Madre

De ti he nacido
a cada instante
y en diferentes momentos
de la vida
vuelvo a nacer de ti.

Aunque sueñe contigo,
me despierto vacío,
con la esperanza de ver
el brillo dulce de tus ojos
para sentir el amor
más puro en tu mirada.

Para acordarme de ti
en cada recuerdo
y caminar asido de
tu mano, sin el miedo
a la sombra de tu ausencia.

Para recorrer
el mundo con rosarios
y transitar la vida
sin nostalgias.

Cuando vuelvas,
te llevaré a pasear
a la ciudad que quieras.

Manejaré despacio
y con cuidado
—cuando vuelvas—
para no causarte
penas.

# Reminiscencia

Cómo añoro las pequeñas
cosas del pasado.

Los recuerdos
de infancia que aparecen desnudos
y alimentan la vida
llena de sentimientos
que extraño, tanto
como la brisa de mi pueblo
en esos atardeceres de afecto.

Recuerdo las primeras letras
enseñadas por mi abuela,
que hoy toman sentido.

Los paisajes y las vivencias
de mi tierra, desde cuando
sale el sol, hasta el ocaso.

Los amaneceres
y los despertares
en la finca de mis tíos
y sus vacas churrientas.

El cerro y los rumores
del viento, el galopar
de los caballos,
el pasado y el tiempo.

El colegio, la escuela
y los amigos. Los amores
tempranos, el amor prohibido.

Con el paso del tiempo,
sin tenerlos presentes,
todo está ahí
y ya no existe.

Pero no son olvido.

## *Noli me tangere*

Las noches largas comienzan temprano
y la oscuridad nunca acaba.
Ni siquiera se reconoce, pero
existe, y la arrastra uno por la vida
y se expresa a cada rato.

No se sabe el comienzo
ni se conoce el fin, pero se empieza.

No me toques así,
que me perturbas
y cambias mi destino
eternamente.

No me toque así,
que me condenas
a mendigar amor toda la vida.

No cambies mi destino
si no me enseñas a amar, si desvías
el rumbo de mi propia existencia
para siempre.

# Dos estaciones

Si nace el sol
en tu cara de niña,
tiempo de estío.

\* \*

Se nubla el cielo
es la estación del frío,
yo soy tu sueño.

# Incertidumbre

Poco a poco se van tejiendo las frazadas
de las cosas, puntada por puntada
y poco a poco, se conforman las ideas.

Yo te veo todos los días a mi lado
y hago contigo todas mis
tareas, te escucho, te miro
y no te encuentro.

Dudo de ti y también
de lo que siento, de si vamos
al cine de las siete
o al fútbol de las tres
o de las cuatro.

¿Eres una ilusión o estás presente?
¿Eres una verdad o una mentira?
¿Eres un albur o una utopía?

Pero siempre estás ahí,
o sea que
existes, lo cual no quiere decir
que sea posible
o que eres, más bien, un filo
sin importancia.

Mi duda inicia contigo
y no concluye; siempre
ha estado ahí
y no me desvela.

Pero no es triste dudar,
pues es más triste
no saber dónde estoy
ni qué se espera.

# Novia en Flandes

Los domingos
paso el puente
a las tres
para ir a verte.

Para sentir
el vacío de la altura
y del río
en movimiento.

El paso del tren
que lo trepida todo, la humareda
que deja, el olor a carbón
y la estela
que todo lo oscurece.

Para sentir,
paso el puente
a las tres
para quererte.

Y a mi regreso
no hay vértigo.

Solo están las estrellas
que iluminan el cielo
y la luna reflejada
en el río, y el olor
de otra Estela
que ocupa mis sentidos.

Cuando tuve un
amor en primavera, paso el puente
a las tres, todos los días.

# Versos perdidos

Tú eres un poema de versos
memorables, dolorosos o no
pero vividos; escritos
con amor, como otros tantos,
ocultos en mi propia
oscuridad.

Son los mismos versos
que escribo desde niño y le cantan
al amor, a las flores,
al clima, a los vientos
y a la noche
con estrellas fugaces,
como las que circundan
los cielos
desarropados de mi tierra
en enero.

Al murmullo del agua
y al trinar de las mirlas,
al ronroneo del gato
y al canto de la rana.

Un día los perdí todos
y también te perdí a ti,
pero aún me quedan
la libreta de apuntes
y la pluma
y el alma.

# La universidad

Uno se va alejando de los suyos
lleno de sueños e ilusiones.

El tren de la cinco
ya ha partido
rumbo a la capital.

Me esperan las aulas
y las clases, el anfiteatro
y los maestros —grandes maestros—
y siglos de historia de la universidad.

El hospital que observaba
desde la fría ventana de la casa de la tía.
El ruido de ambulancias,
de emergencias sin fines,
de vidas que se apagan
o que buscan más vida.

Horas interminables
de estudio, cadáveres
y vivos, olor a quirófano
y sabor a trasnochos
y desvelos, una etapa

inolvidable, en la cual
se confunden los libros
con los besos, con la sangre
los momentos, con la eternidad
se ama diferente
bajo otra perspectiva.

Y sí, uno se va alejando de los suyos
y cumpliendo sus sueños e ilusiones,
como cesan los sueños
cuando sabemos que soñamos.

# Primer amor

Yo conocí el amor
al encontrarte.

Era como tu voz, tu voz pausada
en mi oído ensordecido
por las notas sublimes de tu alma.

Eran tus manos puras
y finas y suaves, que aún
sin decir nada
eras tú, tu voz y tu mirada.

Era el amor profundo
e inspirado, que susurra al oído
cuando miras.

Cómo olvidar
tu amor, cómo olvidarlo,
si penetras mi alma
enamorada de ti
y hoy no es nada.

# Intimidades

En un mundo
de ruidos, sueño
con lo que quiero
cuando duermo.

Duermo con lo que quiero
cuando escucho los ruidos
que ensordecen mi mente.

Y con el ruido,
que producen mis sueños
y tus ruidos.

# Tokio

Viví a orillas del Kanda,
afluente del Sumida
que atraviesa Tokio.

De nuevo el río
y sus puentes
y su lento trasegar
hacia el mar.

De nuevo el puerto
y el verano japonés
y sus calores
sin cerezos.

El sonar de las campanas
de los templos, la búsqueda
del sol naciente
en tu cuerpo.

Tokio es un sopor
en el verano y tú
eres la frescura
del estío.

La onagra
que florece de noche
con sus olorosas
flores amarillas.

El ímpetu de las lluvias
y tifones; de la celebración
de Obon los colorines.

Y aun en el silencio
de tu idioma,
yo entiendo
el domo y el dozo
de tus labios
y un pedazo de ti
resiste el tiempo.

# Londres

Uno se vuelve adulto
cuando se muere el padre
o se cambia de rumbo
o de destino.

La entropía
marca la adultez.

Esa constante lucha
por desarreglarlo
todo, por aumentar
el desorden de las cosas.

Y Londres está ahí
para cambiarlo
todo, para orientarlo
todo, para ordenarlo
todo, otra vez.

Míster —además de señor—
por cirujano,
por investigador
de bichos raros
e intercambiador de
hígados ajenos.

Y Londres
está ahí, para vivir allí.

Mi vecindario
en Hampstead Heath,
su parque, su estanque, la vista
de la ciudad, el bus 24
que parte de Pond Street
y recorre sus calles
al bajar.

Londres es una universidad.

Se aprende
como se vive
al caminar sus calles,
pasar sus puentes
sobre el Támesis,
las galerías, los museos,
los teatros, el cine,
los conciertos,
los mimos callejeros,
los mercados,
los parques.

Así el amor
se vea frustrado otra vez
sin más detalle.

Cómo cambia la vida
la entropía,
cómo renace.

Y si es Londres,
bien vale la pena
la destrucción
del orden de las cosas
que no cansa.

Porque cuando un hombre
se cansa de Londres, está cansado
de la vida.

# Bogotá

Yo he vivido en la sabana
de los Andes. No nací aquí,
pero extraño sus cerros
y sus cielos, sus montañas
y el verde de su entorno.

El tráfico imposible
en todas partes,
el bullicio, las calles,
sus revuelos.

Aquí he vivido
la triste soledad
de dos
en compañía, la alegría
de vivir
acompañado, el frío
invernal
de la nostalgia.

Voy y vuelvo aquí
y en cada regreso
encuentro el verdor
que más extraño.

Monserrate.

# Regreso

No mires para atrás
que te derrites.

Atrás solo queda
la cenefa
de las cosas, el borde
del precipicio,
que da miedo.

Regresar es vivir
con aire
nuevo, establecer
la nueva historia.

Yo he regresado
de cenizas
donde hubo fuego,
he regresado
de pasiones
decorosas, de dolores
y remedios, de consuelos,
de la nada y del todo,
de mil fosas.

Y he creado mis propios
precipicios nuevamente
por no mirar atrás,
cosa curiosa.

# Matrimonio

Cansado de amores
pasajeros que se llevan
algo de mí
en cada aventura.

De insomnios para estar vivos
porque la noche es sola
y solo el día.

De estados civiles
que se alteran
y se esfuman como
la bruma
del amanecer
cada mañana.

De anestesiar el amor
o dormir solo, de soñarlo
y no aparecer
o no buscarlo.

Del vértigo al ascender
que no permite nada más
que el placer
y se olvida de vivir
nuevo vacío.

Inventamos barreras
y disculpas, no
nos pertenecemos,
somos raros
y, sin embargo, hemos decidido
amarnos para toda la vida.

# Viajes

Miro las fotos de mis viajes
de las que te he borrado.

Existen las fechas
y las horas, las memorias,
los paisajes.
Hermosos recuerdos
de ciudades y fuentes.

Es como si hubiera
estado solo, pero en cada retrato
aparezco como si hubiera
estado acompañado.

Viajar es escaparse
un poco, mover de sitio
las angustias, conocer
otros mundos,
descubrir, explorar,
volar, vivir.

He descubierto el mundo
en cada viaje
y en muchas fotos
te he descubierto a ti.

Está solo Gustavo.

# Conocí la alegría

A la felicidad la adorna
la alegría, la música,
las flores, las hermosas
melodías del Pleyel
y sus acordes, la fugaz compañía
de algunas almas
rotas, el olor
de los nardos, las pasiones.

En las noches
oscuras, en las calles
vacías, en el jolgorio,
en el silencio, en la
melancolía, en todos
los amores
conocí la alegría.

En tu cuerpo
desnudo, en el ruido
del péndulo, en el alba
y sus olores, en tus besos,
tus caricias.

En tu voz
en mi oído, en todos
tus murmullos, en tus pasos
ilesos, en tu cama vacía.

# Futurología

No existe futuro,
por fatal que parezca,
que no pueda interpretarse
en tu forma de mirar.

En tu cara, en tu mano,
en tus gestos rituales, una
lectura fácil, una
historia puntual.

Se adivinan en ti
fácilmente las cosas,
la mentira
falaz, tus cálculos
mezquinos.

Cómo cambia la suerte
su lectura; cómo cambia
la gente su rutina.

La vida sin ti
no tendrá espinas,
será un rosal Banksiae
de hojas inmortales.

Porque no existe futuro,
por fatal que parezca,
que pueda ser peor
que amarte más.

# Y el amor se va

A veces el amor se va
dejando cicatrices
como una biblioteca
de historias con dolor.

Unas se quedan
para siempre —no se borran—,
más bien, se reconocen
cada día
y no se extinguen, como
si el dolor que las produjo
no quisiera desaparecer
o permaneciera allí
para no olvidar.

Otras no son visibles,
se sufren, se padecen o se sienten.
Con el tiempo se entienden
y se esfuman.

Y así, el amor se va,
dejándonos sus huellas
llevándose mil cosas.

Al salir a la puerta
yo no estaba, me había quedado
dentro de ti.

# Aprender a vivir

Y con el tiempo todo pasa.

Uno aprende con el tiempo,
y con algo
de paciencia, que
todo pasa.

Se oculta el sol en el ocaso
y vuelve a amanecer cada mañana.

Se torna olvido
lo que era inolvidable
y lo que era imprescindible
ya no falta.

Se respira en cada instante
y uno se levanta
con la misma
esperanza, con la misma ansia
de vivir, enamorado o solo.

Uno aprende con el tiempo
a vivir, a no dejar de soñar
con la ilusión
del sosiego, y con la paz
de los recuerdos
y del alma.

Y entonces, todo
a mi vida llega,
con facilidad,
gozo y gloria.

# Monarca

Has llegado a mí
como un regalo.

Te he visto en capullo
madurar
en las orquídeas enanas
cerca de mi ventana.

Te he visto
romper la crisálida
y llenar tus alas
del líquido vital
para poder volar.

Dejas una lágrima
en el vidrio
y no te vas, aunque
te puedes ir, pero
no lo haces.

No te quieres ir o
no estás preparada.

Cuando vueles,
te llevarás entre tus alas
mi aflicción.

Hoy lo has hecho.
Eres libre.

Adiós, tristeza.

# La vejez

El secreto de una buena vejez
no es otra cosa
que un pacto honrado
con la soledad.
GABRIEL GARCÍA MÁRQUEZ

Mi vejez tiene la calma de los años,
la dulce sobriedad del recorrido,
la brevedad del silencio, los peldaños.

Tiempo para rememorar lo vivido
que se recuerda —si se quiere— a veces,
o se esconde para siempre en el olvido.

Y si el pacto ha sido honrado y sin dobleces,
la soledad se vive en armonía
y se logra la vejez que te mereces.

# ¿Aló?

¿Me guardas el alma un momentico?
Quiero pasar la noche
y la tormenta, quiero
tener sosiego, algo de abrigo,
y un poco de calor.

¿Me cuidas un poco mis heridas?
Son de amor, no tienen
precio, están
expuestas, son fáciles de ver
las que se notan, las otras
las curo yo,
son de mentiras.

¿Me puedo refugiar un poco en ti?
Te lo agradezco.

¿Hay alguien ahí?
Nadie contesta.

# Un sueño

Yo tuve un sueño.

Corríamos por la playa
en caminos
opuestos, opuestas
direcciones.

Mientras yo iba al centro
desde la izquierda,
tú buscabas el centro
desde la derecha.

El centro es
el ombligo de las cosas.

El centro es común
para los dos, nuestro
punto de encuentro
en la playa infinita
que no llega.

Sé que vienes
a mí, yo te vislumbro
con la misma velocidad
en cada paso, con la misma
distancia que nos une
el uno al otro, el mismo
ocaso.

¿Y si no aparecieras?
¿Si solo fuera el espejismo del deseo?

Pero yo estaba ahí
en la playa soñada
y corría hacia el centro
con el mismo aleteo
de los peces del mar.

Porque quería encontrarte
para amarte despacio,
aunque no aparecieras
en el centro vacío.

# Noachis Terra

Si te encontrara en Marte
en la tierra de Noah
—que quiere decir consuelo—,
estarías lejos.

A años luz de mi entorno
en el cosmos cercano
que gira ante mi propio sol
que es mi sistema.

Pero voy a construir
nuestro universo
desde el día que llegues
y te espero.

Aun cuando estés lejos,
te presiento en las noches
y no te hallo,
y si miro la luna
ella está sola,
y si veo la luz
de otras estrellas

solo reflejan una eternidad
entre tú y yo.

Todo es acá como es allá,
oscuro y en silencio.

# Soneto

Quizás pudiera ser feliz un día,
quisiera serlo y tal vez lo he buscado,
debiéndome sentir afortunado
de haber vivido bien y en armonía.

Entre sumas y restas, la agogía
que recoge las aguas del pasado,
cuando llegue al destino señalado,
encontrará la paz: la anagogía.

Al final de la ruta, sin descanso
de un buen viaje sin rumbo prefijado,
cuando todo repose en un remanso

y se sienta final la despedida,
que yo pueda decir que lo he logrado
y que he sido feliz toda la vida.

«No conozco más que dos formas de darle sentido a mi vida o de hacerme creer que lo tiene: amar a alguien y escribir libros».

CLAIRE LEGENDRE

# Índice